# Pingos e respingos

# Maria de Lourdes Alba

# Pingos e respingos

Editora
Labrador

Dados Internacionais de Catalogação na Publicação (CIP)
Angélica Ilacqua – CRB-8/7057

Alba, Maria de Lourdes
 Pingos e respingos / Maria de Lourdes Alba. – São Paulo : Labrador, 2020.
 48 p.

 ISBN 978-65-5625-080-9

 1. Máximas I. Título

20-3553                                    CDD 808.87

Índice para catálogo sistemático:
1. Máximas

**Editora Labrador**
Diretor editorial: Daniel Pinsky
Rua Dr. José Elias, 520
Alto da Lapa – 05083-030
São Paulo – SP
+55 (11) 3641-7446
contato@editoralabrador.com.br
www.editoralabrador.com.br
facebook.com/editoralabrador
instagram.com/editoralabrador

A reprodução de qualquer parte desta obra é ilegal e configura uma apropriação indevida dos direitos intelectuais e patrimoniais da autora.

A editora não é responsável pelo conteúdo deste livro.
A autora conhece os fatos narrados, pelos quais é responsável, assim como se responsabiliza pelos juízos emitidos.

Copyright © 2020 de Maria de Lourdes Alba

Todos os direitos desta edição reservados à Editora Labrador.

***Coordenação editorial***
Pamela Oliveira

***Projeto gráfico, diagramação e capa***
Felipe Rosa

***Assistência editorial***
Gabriela Castro

***Revisão***
Marília Paris
Renata Mello

***Imagem de capa***
Freepik.com

A garoa fina que
cai, molha,
transborda,
te libera e me
orgulha é como
uma ducha fria,
que desperta.

Maria de Lourdes Alba

Cada homem é
a medida de
todas as coisas.

Maria de Lourdes Alba

Os balões
bailam no
céu azul.

Maria de Lourdes Alba

O silêncio é o maior amigo das pessoas. Só ele nos devolve a paz de espírito.

— Maria de Lourdes Alba —

Todos os homens
são estúpidos.
Cada um a
seu modo.

— Maria de Lourdes Alba

A burocracia
atravanca o país.
O país não
atravanca a
cracia burra.

— Maria de Lourdes Alba —

A vaidade é o detonador do sucesso.

Maria de Lourdes Alba

# A ressaca resseca a alma.

Maria de Lourdes Alba

As coisas
partem mais de
nossas atitudes
do que de nossos
discursos.

Maria de Lourdes Alba

As características
estão
infinitamente
perdidas.
Sem nó. Sem dó.

Maria de Lourdes Alba

Das flores
restaram
os caules.

Maria de Lourdes Alba

O som do além,
que te pega,
sereno. Sereno.

— Maria de Lourdes Alba —

Meus poemas
são minha fonte
de existência.

Maria de Lourdes Alba

O som corteja os ouvidos com suave esplendor. De dentro, sai de dentro. E fica no vazio sombrio da alma.

Maria de Lourdes Alba

Te amar foi a maior nobreza que a minha existência pôde experimentar.

— Maria de Lourdes Alba —

A caricatura
que a cara aponta
faz da natureza
uma afronta.

— Maria de Lourdes Alba —

Como claro é
a claridade
do sol, da luz,
da vida, em cada
dia a viver.

Maria de Lourdes Alba

O adeus se fez
adeus por um
instante.

— Maria de Lourdes Alba —

Acordar sonhando é o mesmo que sonhar acordando.

— Maria de Lourdes Alba —

Te fazer
menina, mulher.
Te fazer mulher,
menina. É só
te olhar.

Maria de Lourdes Alba

Pente que
separa os fios.
Desembaraça os
nós do colear da
tua ingenuidade.

— Maria de Lourdes Alba —

A agonia de
dizer sim, quando
o peito angustia
pelo não.

— Maria de Lourdes Alba —

A vida se faz fria, mesmo em sol ardente, em solo rachado, em calor escaldante.

◇ Maria de Lourdes Alba ◇

A fome coloca o estômago das pessoas nas costas. A dor nas costas tira a fome das pessoas.

Maria de Lourdes Alba

Tenho quase
meio século.
Tenho a idade
de um pássaro
que voou e
parece que não
mais voltou.

— Maria de Lourdes Alba —

O desgaste
mina todas as
minhas forças.
Todas as minhas
forças, que não
põem saída
ao desespero
sombrio.

―― Maria de Lourdes Alba ――

Te amar foi o mais gratificante que me ocorreu na vida.

Maria de Lourdes Alba

A mesquinhez
é a força do
taciturno.

— Maria de Lourdes Alba —

Amanhã,
quem sabe se
estaremos
por aqui.

— Maria de Lourdes Alba —

Carrego as
dores que me
exaustam,
vivo tempos de
desespero, de
vida em desalento
em constante
amargura.
Secura sem cura.

— Maria de Lourdes Alba —

O fim é o começo da discórdia.

Maria de Lourdes Alba

Se eu pudesse te dizer uma palavra seria obrigada. É muito bom ser amada.

— Maria de Lourdes Alba —

Te amo,
mais do que
amo a mim
mesma.

— Maria de Lourdes Alba

Da fome,
na morte,
a solução.

O resplandecer
de um ponto
perdido, isolado
no espaço, ele
se acha, ele
se acolhe no
coração de seu
amado.

Maria de Lourdes Alba

Terminei antes
de começar.
Agora estou a
me amargurar.

— Maria de Lourdes Alba —

Teus beijos
são a luz de um
luar que não vi.

— Maria de Lourdes Alba —

Os sonhos
são sonhos.
Se perdem no
pernoitar das
almas que
vagam em série.

Maria de Lourdes Alba

## *Sobre a autora*

### MARIA DE LOURDES ALBA

Paulista, jornalista diplomada, escritora, membro nº 108 da Academia Internacional de Literatura Brasileira (AILB) Focus Brasil NY.

Foi merecedora de diversos prêmios literários, destacando-se Menção Especial em 2004 pela Academia Mineira de Letras com o livro *Gotas na Face*.

Foi premiada duas vezes na Itália com poemas em língua portuguesa: em 2006 com o poema *Pássaro* e em 2015 com o poema *Quebra Gelo*.

A novela *Clara* foi premiada pela International Writers and Artists Association (IWAA) como The Best Book of Fiction of Brazil de 2017 nos Estados Unidos.

Esta obra foi composta em
Bodoni Twelve ITC 14 pt e
impressa em papel
Offset 90 g/m² pela
gráfica Viena.